I0018593

Déploiement d'un SIG-WEB pour la gestion des données géotechniques

Loubna Sidqui

Déploiement d'un SIG-WEB pour la gestion des données géotechniques

Éditions universitaires européennes

Impressum / Mentions légales

Bibliografische Information der Deutschen Nationalbibliothek: Die Deutsche Nationalbibliothek verzeichnet diese Publikation in der Deutschen Nationalbibliografie; detaillierte bibliografische Daten sind im Internet über http://dnb.d-nb.de abrufbar.

Alle in diesem Buch genannten Marken und Produktnamen unterliegen warenzeichen-, marken- oder patentrechtlichem Schutz bzw. sind Warenzeichen oder eingetragene Warenzeichen der jeweiligen Inhaber. Die Wiedergabe von Marken, Produktnamen, Gebrauchsnamen, Handelsnamen, Warenbezeichnungen u.s.w. in diesem Werk berechtigt auch ohne besondere Kennzeichnung nicht zu der Annahme, dass solche Namen im Sinne der Warenzeichen- und Markenschutzgesetzgebung als frei zu betrachten wären und daher von jedermann benutzt werden dürften.

Information bibliographique publiée par la Deutsche Nationalbibliothek: La Deutsche Nationalbibliothek inscrit cette publication à la Deutsche Nationalbibliografie; des données bibliographiques détaillées sont disponibles sur internet à l'adresse http://dnb.d-nb.de.

Toutes marques et noms de produits mentionnés dans ce livre demeurent sous la protection des marques, des marques déposées et des brevets, et sont des marques ou des marques déposées de leurs détenteurs respectifs. L'utilisation des marques, noms de produits, noms communs, noms commerciaux, descriptions de produits, etc, même sans qu'ils soient mentionnés de façon particulière dans ce livre ne signifie en aucune façon que ces noms peuvent être utilisés sans restriction à l'égard de la législation pour la protection des marques et des marques déposées et pourraient donc être utilisés par quiconque.

Coverbild / Photo de couverture: www.ingimage.com

Verlag / Editeur:
Éditions universitaires européennes
ist ein Imprint der / est une marque déposée de
OmniScriptum GmbH & Co. KG
Heinrich-Böcking-Str. 6-8, 66121 Saarbrücken, Deutschland / Allemagne
Email: info@editions-ue.com

Herstellung: siehe letzte Seite /
Impression: voir la dernière page
ISBN: 978-3-8417-4430-2

Zugl. / Agréé par: Tanger,UNIVERSITE ABDELMALEK ESSAÂDI FACULTE DES SCIENCES ET TECHNIQUES, 2012

Copyright / Droit d'auteur © 2015 OmniScriptum GmbH & Co. KG
Alle Rechte vorbehalten. / Tous droits réservés. Saarbrücken 2015

Loubna SIDQUI

« Mise à niveau et déploiement d'un SIG-WEB pour le stockage et la gestion des données géotechniques »

1

Dédicace

A mes chers parents pour leur amour et sacrifice.

A ma sœur et mes deux frères que j'aime profondément.

A mon oncle et sa famille qui m'ont soutenue à Tanger

A mes collègues pour leur compréhension et fidélité.

A mes enseignants pour leurs efforts remarquables.

A mes amis

A ceux qui m'ont indiqué la bonne voie en me rappelant que la volonté fait toujours les grandes personnes.

Qu'ils trouvent tous ici mes sincères gratitudes et reconnaissances.

A tous, je dédie ce travail

Résumé

Afin d'améliorer son système d'information géographique, le LPEE a décidé de mettre à jour et de développer son système d'information des données géotechniques qu'il a confié auparavant à une société de développement informatique pour le réaliser, mais sans résultats pratiques.

Conformément au cahier de charge, ma mission se décompose en trois phases essentielles

Mission I : Back up et recouvrement de la base de données Oracle et l'application SIG-WEB

Consiste à restaurer la base de données existante et la compléter par les informations nécessaires ainsi que faire fonctionner l'application SIG-WEB et étudier les points de faiblesse de cette application.

Mission II : Déploiement et mise à jour de l'application SIG-WEB

Consiste à ajouter toutes les informations nécessaires pour rendre le SIG-WEB plus performant et plus pratique ainsi qu'étendre ses fonctionnalités dans tous les centres du LPEE

Toutes ces missions seront présentées en détails par des schémas, des imprimés écrans dans ce rapport.

Mots clé : SIG-WEB , SIG , Géotechnique , base de données , XML.

Abstract

To improve its geographic information system (GIS) , the Public laboratory tests and studies (LPEE) decided to update and develop its information system of geotechnical data that has previously entrusted to a company computer development to realize it, but without practical results .

My mission is divided into three main phases

<u>*Mission I: Back up and recovery of Oracle database and WEB-GIS application:*</u>

This mission aims to restore the existing database and supplement it with the necessary informations and run the application WEB-GIS to study the weak points of this application.

<u>*Mission II: Deployment and update the GIS application-WEB*</u>

This mission aims to add all the informations needed to make the GIS-WEB more efficient and practical as well as extend its functionality in all centers of LPEE

All these tasks will be presented in detail by diagrams, printed displays in the report.

Sommaire

Liste des tableaux :

Liste des figures :

Liste des abréviations

LPEE : Laboratoire Public des Essais et des Etudes

SIG : Système d'Informations Géographiques

SGBDR : Système de Gestion de Bases de Données Relationnelles

CAO : Conception Assistée par Ordinateur

DWF : Design Web Format

CGI : Common Gateway Interface (Interface de passerelle commune)

HTML : Hyper Text Markup Langage

IIS : Internet Information Service

UML : Unified Modeling Langage (Langage de modélisation unifiée)

XML : eXtensible Markup langage (langage de balisage extensible)

MWX : Map Window XML

SDF : Spatial Data Files (fichiers de données spatiales)

Introduction générale

Le pôle géotechnique du laboratoire public d'études et d'essais réalise pour le compte de clients publics et privés des études et des essais géotechniques de différentes natures. Le résultat du travail demandé par les clients est remis sous forme de rapports contenants :

- Les résultats des essais in situ et de laboratoire effectués : log de sondage, résultat d'essai pressiométrique, scissométrique, granulométrie, essai triaxial, à l'oedomètre, etc...
- Des interprétations de ces essais lorsqu'elles sont demandées par le client
- Le résultat d'expertise ou d'études spécifiques menées à la demande du client
- Etc.

Ces rapports sont soit élaborés au niveau central soit au niveau régional. Les informations contenues dans ce rapport (résultats »élaborées »: graphiques, tableaux, logs, etc.) ou celles ayant permis son élaboration (résultats »bruts » d'essais ou de reconnaissances aussi bien de laboratoire qu'in situ) ne sont pas sauvegardées de manière structurés (bases de données) et existent au mieux dans les documents de travail (labo ou in situ) et dans des fichiers Word, excel, etc.

Il n'existe à ce jour aucun moyen pour connaitre instantanément quels essais ont été réalisés dans telle ou telle régions du Maroc ou retrouver l'information pertinente relative à ces essais.

Il n'existe pas non plus à proprement parler de gestion de la production documentaire du pôle géotechnique.

De plus, le traitement des résultats bruts se fait à l'aide de programmes internes (sur feuille Excel par exemple) ou externes (acquis auprès d'éditeurs de logiciels) et sont ensuite mis au propre directement dans le fichier Word du rapport, dans Excel pour les graphiques ou dans Autocad, etc. Ces différents fichiers ne semblent pas être centralisés et sauvegardés par projet(ou numéro d'affaire) et sont certainement perdus pour une consultation ultérieure.

En plus, la solution SIG réalisée pour le LPEE ne répondait pas aux besoins du laboratoire, par conséquent, elle n'était jamais utilisée dans un projet et restait inactive depuis 2009 (la date de sa création).

L'objectif est d'activer le système afin de pouvoir l'utiliser au niveau local, le déployer et le rendre plus performant afin de l'utiliser pour les projets à réaliser par la suite.

Dans ce rapport on commencera par la présentation du Cadre général de l'étude, puis présenter le projet et les outils qu'on a utilisés au long de la réalisation de mon projet et pour finir on va détailler les 3 phases de réalisation du projet.

1.Partie 1 : contexte général du projet :

Dans cette partie, nous allons présenter Le laboratoire public d'essais et d'étude (LPEE), ensuite nous étalerons le cadre général du projet pour enfin détailler ce dernier dans la section finale de ce chapitre.

- Présentation de l'organisme d'accueil.
- Présentation du projet
- Démarche suivie

1.1. Présentation de l'organisme d'accueil

1.1.1. Présentation générale :

Depuis 1947, date de sa création, le laboratoire public d'essais et d'études (LPEE) contribue activement à la

construction du Maroc. Initialement service de l'administration, le LPEE est aujourd'hui une entreprise publique au statut de société anonyme, au capital de 120.000.000 de dirhams, sous tutelle du Ministère de l'équipement.

De l'expertise à la certification, des mesures aux contrôles, des études aux essais sur le terrain, le LPEE intervient à tous les niveaux de réalisation et d'exploitation des projets.

Du transport à l'environnement, de l'industrie à l'aménagement du territoire, des barrages aux ouvrages d'art, des bâtiments à l'urbanisme, le LPEE est présent dans l'ensemble des activités de génie civil, et assure une mission de service public qui se situe au carrefour de tous les intervenants dans le bâtiment, le génie civil et les industries.

1.1.2.Domaine d'activités du LPEE :

Les activités de base du LPEE s'articulent autour de quatre grands domaines :

- Le sol
- Les matériaux et les structures
- Les infrastructures de transport
- Les aménagements hydrauliques et portuaires

Ces domaines constituent le champ d'action traditionnel du LPEE.

Pour répondre aux besoins de ses clients, le LPEE a diversifié et étendu ses activités à :

- L'environnement et la pollution
- L'électricité
- La métallurgie
- L'emballage et le conditionnement
- La métrologie et la certification
- La prévention des risques

1.1.3.Les partenaires et les clients du LPEE :

Le LPEE compte parmi ses clients et partenaires des opérateurs publics citant :

Ainsi que des entreprises privées citant parmi eux :

Cette clientèle regroupe les secteurs les plus variés de l'économie nationale.

1.1.4.Les prestations du LPEE :

De plus en plus informée des dernières technologies, La clientèle du LPEE impose à ce dernier de diversifier, actualiser, affiner et améliorer de façon permanente son offre de services.

Pour maintenir le niveau de ses prestations, le LPEE investit tous les ans 10 à 20% de son chiffre d'affaires dans le développement de ses moyens en matériel d'essais et 5% en recherche-développement pour innover ou transférer de nouvelles technologies, les adapter et les proposer à ses clients.

Son objectif permanent est de continuer à accroitre la compétitivité de l'entreprise grâce à une politique judicieuse d'investissement, de formation et perfectionnement des connaissance et de recherche-développement en vue de répondre aux attentes d'une clientèle de plus en plus exigeante et diversifiée.

1.1.5.Organisation

Le LPEE regroupe plusieurs directions, chacune travaillant sur une activité.

Direction Générale

- Direction Contrôle de Gestion
- Direction Audit, Conseil et Inspection
- Direction Qualité, Hygiène et Sécurité
- Direction de l'Organisation et des Systèmes d'Info
- Direction Financière et Commerciale

Direction Technique et Scientifique

- Centre expérimental des sols
- Centre expérimental des grands travaux
- Centre expérimental de l'hydraulique
- Centre expérimental des matériaux et génie industriel
- Centre expérimental et de recherche des infrastructures des transports

Direction de la Logistique et de Ressources Humaines

- Centre expérimental et de recherche de l'environnement et pollution
- Centre scientifique des techniques de construction
- Laboratoire national de métrologie
- Centre expérimental des essais et études électriques
- Centre spécialisé de bâtiment

Direction Export

- Centre technique régional Casablanca
- Centre technique régional Agadir
- Centre technique régional Fès
- Centre technique régional Kenitra
- Centre technique régional Marrakech
- Centre technique régional Oujda

Direction de la Coordination et du Développement Régional

- Centre technique régional Tanger
- Centre technique régional Meknes
- Centre technique régional Tétouan
- Laboratoire régional El Jadida
- Laboratoire régional Safi
- Laboratoire régional Béni Mellal

13

Les données utilisées dans mon projet proviennent du Centre expérimental des sols.

1.1.6. Quelques Projets réalisés par le LPEE dans le domaine du bâtiment et génie civile:

Bâtiment :

- Villes nouvelles Salé El Jadida (sale) Tamesna (Rabat), Tamansourt (Marrakech)
- Immeuble Twin-Center a Casablanca
- Complexes sportifs et complexes d'enseignement (université, lycées, collèges, écoles …)
- Stades de Casablanca, Marrakech, Fès, Agadir, Tanger

Génie civile :

- TGV Casa -Tanger
- Rocade méditerranéenne
- Tramway Casablanca et Rabat-Salé
- Aéroport Mohamed V

1.2. Présentation du projet :

1.2.1.Thème du projet :

Le thème du projet s'intitule : » *Mise à niveau et déploiement d'un SIG-WEB pour le stockage et la gestion des données géotechnique »*
Les données du LPEE référent aux données des essais en laboratoire et des essais in situ.

1.2.2.Cadre du projet :

Le projet intervient dans le cadre du grand « Projet SIG LPEE » pour la numérisation des données géotechniques.
Nous verrons ici la définition de la Géotechnique et puis une définition des systèmes d'information géographique.

1.2.2.1.La Géotechnique :

La non-disponibilité d'un SIG au sein du laboratoire et le travail avec des informations temporaires figuraient dans le sommet des points noirs du L.P.E.E, non seulement à cause du fait du temps et du coût perdus dans un travail donné mais aussi le non –développement des outils utilisés qui obligent aux employés du L.P.E.E de ré-saisir toutes les informations à chaque fois que le travail est fait.

Pour ces raisons, Mon projet consiste à faire fonctionner le SIG existant déjà, mais n'est pas utilisable à cause du manque des données.

- **Etapes d'une reconnaissance géotechnique :**

La reconnaissance du sol comporte généralement deux phases :

➢ La reconnaissance de base ou préliminaire qui s'effectue à partir de documents et d'examens sur place.

➢ La reconnaissance approfondie.

La première ne comporte pas l'utilisation de moyens mécaniques et ne constitue qu'une interprétation des phénomènes et des données naturelles.

La seconde nécessitera des sondages, des tests, des essais et de ce fait, sera onéreuse mais nécessaire.

Schéma général d'une reconnaissance géotechnique :

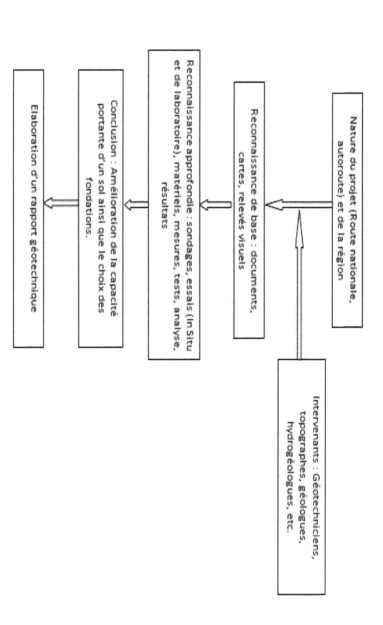

Nature du projet (Route nationale, autoroute) et de la région

Intervenants : Géotechniciens, topographes, géologues, hydrogéologues, etc.

Reconnaissance de base : documents, cartes, relevés visuels

Reconnaissance approfondie : sondages, essais (in Situ et de laboratoire), matériels, mesures, tests, analyse, résultats

Conclusion : Amélioration de la capacité portante d'un sol ainsi que le choix des fondations.

Elaboration d'un rapport géotechnique

Figure 1 :Schéma général d'une reconnaissance géotechnique

i. Type de projet et la nature du terrain :

La reconnaissance géotechnique dépend principalement du type de projet (routes, pont, bâtiment, etc.) car chaque projet nécessite une intervention spéciale.
Les routes nécessiteront plus de sondages contrairement à un bâtiment, alors que les ponts nécessiteront des puits et un sondage carotté.
La reconnaissance géotechnique dépendra également de la nature du terrain, en fait selon la nature du sol, on déduira les essais à effectuer.

ii. Reconnaissance de base :

Cette reconnaissance consiste surtout à effectuer une visite sur place afin de déterminer (s'ils sont apparents) les affleurements des couches sous-jacentes, de se rendre compte de la topographie du site, etc. Des fouilles en cours à proximité de l'ouvrage à bâtir peuvent apporter des renseignements intéressants et utiles.

L'observation directe du sol et de la végétation (Tableau1) peut aussi fournir quelques indications qu'il faut néanmoins recouper avec d'autres sources de renseignement.

A chaque fois qu'il sera possible, on consultera et on étudiera les documents suivants :

➤ Les cartes géologiques qui donnent Les affleurements des couches géologiques avec toutes les particularités (failles, effondrement géologique, etc.). Il existe également des cartes hydrogéologiques et géotechniques qui donnent des renseignements sur la distribution des eaux souterraines et le comportement mécanique des roches.

➤ Les plans et dispositions des constructives voisines : le fait d'examiner ou de pouvoir consulter les dossiers correspondants de construction situées dans un voisinage immédiat d'une construction à réaliser pourra renseigner utilement sur les caractéristiques des fondations correspondantes.

Le tableau ci-dessous représente une méthode qui s'appuie sur les relevés visuels afin de savoir la nature d'un sol :

Qualité du sol	Hypothèse sur la roche mère
Sols argileux	Marnes ou argiles épaisses Couche d'argile de décomposition
Sols argileux calcaires	Roche mère calcaire donnant par décomposition une partie argileuse
Sols calcaires	Roches calcaires affleurant ou sous-jacentes
Sols limoneux	Alluvions Apports éoliens

Tableau 1 : Reconnaissance de la qualité du sol selon les relevés visuels

La reconnaissance des sols doit, par la suite, donner des informations sur les caractéristiques mécaniques de chaque couche. Pour cela, il faut procéder à une étude plus approfondie.

iii. Reconnaissance approfondie :

Afin de déterminer les propriétés des sols en place, deux techniques peuvent être utilisées :

- Le prélèvement d'échantillons en vue de les analyser au laboratoire.
- Les essais in situ, proprement dit, qui permettent de déterminer les caractéristiques des sols en place (cohésion, perméabilité,...)

Il est évident qu'un programme de reconnaissance est en fonction de l'ouvrage à réaliser et de la nature géologique de la zone étudiée.

Les contraintes économiques ne permettent pas toujours d'exécuter un nombre important de sondages pour examiner le terrain.

Néanmoins, un nombre de 3 paraît un minimum pour éviter de porter la construction sur la base d'une anomalie très localisée (pour les terrains hétérogènes il faut au moins un sondage tous les 500m²). La profondeur doit être telle que toutes les couches, qui peuvent être influencées par la mise en charge des terrains, soient atteintes ou puissent être étudiées.

iv. Essais In Situ et au Labo :

➤ Les essais in Situ :

Un essai in situ consiste à introduire un instrument en un point précis d'un forage pour y mesurer les caractéristiques d'un sol ou d'une roche.

Le SPT (Standard Pénétration Test) et le Pressiomètre sont deux essais in situ devenus classiques en matière de reconnaissance des sols.

Les essais de perméabilité ponctuelle sont des essais in situ très répandus pour la définition de projets d'injection d'étanchéité.

➤ B- Les essais au laboratoire :

Ces essais se divisent en deux groupes principaux :

- Les essais d'identification et de classification des sols.
- Les essais de détermination des caractéristiques mécaniques des sols qui interviennent beaucoup plus directement dans le dimensionnement des parties d'ouvrages en contact avec le sol ainsi que dans l'étude de la stabilité des pentes.

1.2.2.2. Systèmes d'information géographique (SIG)

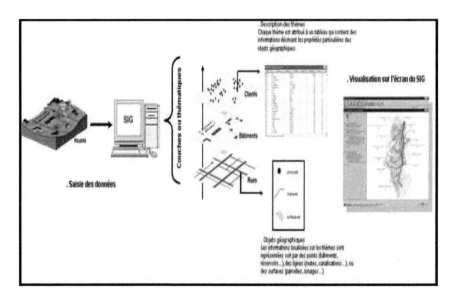

Figure 2 : Architecture d'un SIG

Un Système d'information géographique (SIG) permet de gérer des données alphanumériques spatialement localisées. Ses usages couvrent les activités géomatiques de traitement et diffusion de l'information géographique.

Au Maroc, dans son acception courante, le terme fait référence aux outils logiciels. Cependant, le concept englobe l'ensemble constitué par les logiciels, les données, le matériel et les savoir-faire liés à l'utilisation de ces derniers. On peut aussi parler de système d'information à référence spatiale (SIRS) pour les données et leur structuration.

Le rôle du système d'information est de proposer une représentation plus ou moins réaliste de l'environnement spatial en se basant sur des primitives géographiques telles que des points, des arcs, des polygones (vecteurs) ou des maillages (raster). À ces primitives sont associées des informations qualitatives telles que la nature (route, voie ferrée, forêt, etc.) ou toute autre information contextuelle.

L'information géographique peut être définie comme l'ensemble de la description d'un objet et de sa position géographique à la surface de la Terre.

Ce système inclut les composantes relatives :

▶ à l'acquisition des données d'entrée

▶ au stockage, à la récupération et à la gestion de bases de données

▶ à la manipulation et à l'analyse des données

▶ à l'affichage et à la génération de produits

▶ à une interface pour l'usager

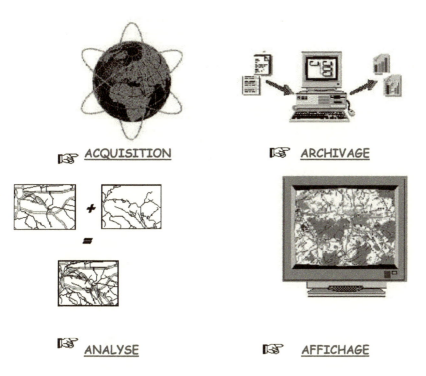

☞ ACQUISITION   ☞ ARCHIVAGE

☞ ANALYSE   ☞ AFFICHAGE

1.2.3. Les objectifs du projet :

Le déploiement et la mise à jour de la solution informatique doivent répondre à plusieurs
objectifs, à savoir :

- ✓ La disposition d'informations exhaustives, fiables, actualisées et structurées de façon à
  minimiser le coût et le temps dépensés pour la recherche de l'information.
- ✓ L'harmonisation entre le travail de bureau et le travail du terrain par une application
  métier ergonomique, accessible à de simples utilisateurs, intégrée aux outils
  bureautique.
- ✓ Faciliter au client l'accès au dossier voulu via l'application SIG-WEB, et le pouvoir
  de modifier, de naviguer au niveau de la carte construite.
- ✓ Sécuriser le partage de l'information entre le Laboratoire et les différents centres
  (clients)

1.3. La démarche suivie :

Bien que notre sujet n'intéresse qu'au domaine de génie civile et bâtiment, il a été tout au long du raisonnement effectué, de concevoir et de travailler avec une méthodologie qui soit le plus possible générique et qui serait facilement transposable aux autres activités à savoir ceux d'industrie, d'environnement et d'hydraulique. Ceci était possible pour une grande partie grâce au choix minutieux des outils de modélisation, mais surtout à l'adaptation des modules de traitement de données (que ça soit le langage SQLPlus ou la base de données Oracle ou bien la programmation coldfusion pour Macromédia) aux autres domaines d'activités.

1.3.1.Etude de l'existant :

A mon arrivée au LPEE, le laboratoire possédait déjà d'un SIG-WEB, développé par une société extérieure au club. Au début du projet, on m'a fait une rapide présentation du site Web. Lors de cette présentation, il m'a énoncé les différents défauts que les utilisateurs prêtaient à ce site et qui ont corroboré mes premières impressions :

➢ Une base de données vide et fermée

➢ Un SIG-WEB non fonctionnel

➢ un système d'information vides et contenant des dossiers de dates anciennes

2. Partie2 : Outils et environnement du travail :

2.1. Architecture de la solution :

L'architecture de la solution est composée des éléments suivants

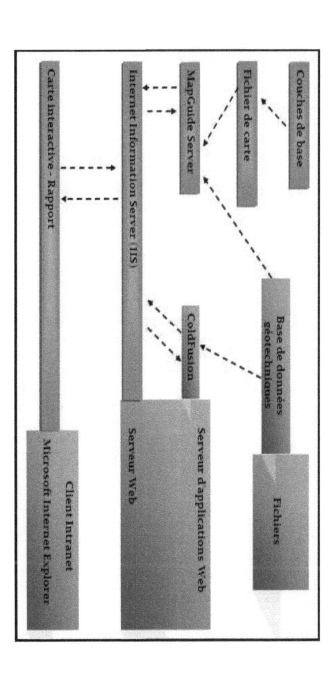

Figure 3 : LPEE-SIG Géotechnique en Intranet

Couches de base

Fichier de carte

MapGuide Server

Internet Information Server (IIS)

Carte Interactive - Rapport

Base de données géotechniques

ColdFusion

Serveur Web

Serveur d'applications Web

Fichiers

Client Intranet Microsoft Internet Explorer

2.2. Présentation des outils :

2.2.1 Système de gestion de base de données relationnel (SGBDR)

Oracle est un système de gestion de bases de données édité par la société du même nom (Oracle Corporation - http://www.oracle.com), leader mondial des bases de données.

Il permet d'assurer :

- La définition et la manipulation des données
- La cohérence des données
- La confidentialité des données
- L'intégrité des données
- La sauvegarde et la restauration des données
- La gestion des accès concurrents

2.2.2 Outil de conception PowerAMC

PowerAMC propose différentes techniques de modélisation, chacune accessible aux informaticiens de tout niveau, parmi elles : Merise, UML, Data Warehouse, et processus métiers. Simple d'utilisation, personnalisable et dotée d'une interface intuitive, cette application optimise les productivités individuelle et collective. Elle intègre en outre des fonctions de génération de code pour plus de 45 bases de données et divers langages de programmation.

2.2.3 Le serveur web

C'est un logiciel qui sert des pages web à des clients demandeurs. Le logiciel de serveur web peut être exécuté sur n'importe quel ordinateur. L'ordinateur exécutant le logiciel de serveur web est souvent qualifié de serveur web. Cependant, d'un point de vue technique, le serveur web correspond simplement au logiciel et non au matériel.

2. 2.4 Les serveurs d'applications

Les navigateurs web (type Internet Explorer) effectuent des requêtes et les serveurs web répondent à ces requêtes en renvoyant les informations demandées au navigateur. Ces informations sont généralement des fichiers HTML, mais peuvent également correspondre à d'autres types de fichiers.

Les capacités des serveurs web sont relativement limitées puisqu'ils se contentent d'attendre l'arrivée des requêtes et tentent d'y répondre dès que possible. Cependant, les serveurs web ne permettent pas :

> D'entrer en interaction avec une base de données.
> De proposer des informations personnalisées en fonction des préférences ou des requêtes de l'utilisateur.
> De valider les actions de l'utilisateur.

Pour étendre les capacités d'un serveur web, un serveur d'applications web est souvent nécessaire. Un serveur d'applications web est un programme logiciel qui permet au serveur web d'effectuer plus de tâches.

Pour le présent projet, on a utilisé deux types de serveurs d'applications web :

2.2.4.1 Macroméda ColdFusion MX :

ColdFusion MX, développé par Macromedia, est un serveur de logiciels complet pour permettre l'interaction avec les bases de données et la création de pages interactives. La solution ColdFusion MX consiste en deux paquets apparentés:

ColdFusion MX Studio – Intimement intégré avec ColdFusion MX Serveur, ColdFusion MX Studio offre des outils de programmation visuelle, et de bases de donnés.

ColdFusion Serveur – ColdFusion MX Serveur offre tous les services présents pendant le fonctionnement du logiciel qui vous permettent de livrer vos logiciels de commerce électronique construits sur une architecture hautement échelonnable et ouverte.

ColdFusion utilise un langage de rédaction de script de serveur basé sur des étiquettes. Traité entièrement sur le serveur, le ColdFusion Markup Language (CFML) s'intègre naturellement avec le langage HTML pour l'interface d'utilisateur et avec le XML pour l'échange de données. Langage ouvert et extensible, CFML supporte plus de 70 étiquettes de serveur, 200 fonctions, et 800 composants venants de tierces parties. En plus, ColdFusion MX est maintenant disponible en versions supportant des serveurs de logiciels J2EE.

2.2.4.2 Autodesk Mapguide :

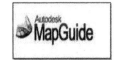

Autodesk MapGuide est un progiciel qui permet de distribuer des systèmes d'informations géographiques, des données de conception numériques et les applications associées sur un réseau. Il permet de déployer des applications qui créent, modifient et affichent des informations, notamment des cartes, des dessins, des conceptions, des schémas et les données d'attributs associées, sur Internet ou un réseau intranet ou extranet.

Les utilisateurs d'Autodesk MapGuide Author intègrent des données pour définir l'affichage et les fonctions des cartes, et ceux d'Autodesk MapGuide Viewer accèdent aux données lorsqu'ils affichent des cartes à partir d'un navigateur Web et interagissent avec elles. Autodesk MapGuide Server répond aux demandes d'informations générées par les utilisateurs lorsqu'ils interagissent avec l'application.

Architecture

MapGuide Enterprise repose sur une architecture dite n-tier ou multiniveaux.
Plus précisément, il s'agit d'une architecture 3-tier constituée d'un server-tier, d'un web-tier et d'un client-tier .

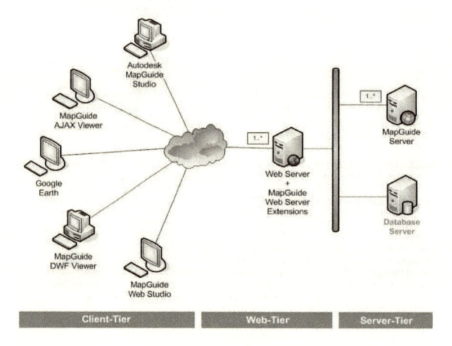

Figure4 : *Architecture de MapGuide Enterprise*

Le server-tier est le premier niveau, il correspond au serveur cartographique. Il peut être installé sur des systèmes Windows ou Linux, contre uniquement Windows pour la version précédente. Le serveur héberge plusieurs services qui sont les services de site (gestion des utilisateurs et des autorisations), de ressources (données stockées sur le serveur), de dessins (format vectoriel DWF), des entités géographiques (ressources externes : fichiers ou SGBD), de cartes (gestion des couches), de rendu (génération d'images d'une carte) et de tuilage (découpage d'une carte en petits blocs).

Web-tier. Une extension à installer sur le serveur web. Dans notre cas on a choisi le serveur IIS de Microsoft, mais le serveur Apache est parfaitement compatible. Cette extension se charge d'ajouter les services nécessaires pour que les pages web puissent interagir avec le serveur cartographique et récupérer les données à envoyer au client. Cette communication est assurée par le « MapAgent » qui est un service CGI, plus précisément FastCGI. Le web-tier est disponible en trois versions puisque l'on peut désormais utiliser les technologies PHP, JSP ou ASP.NET.

Client-tier. Enfin, le dernier niveau correspond au client-tier. On distingue le client final, autrement dit l'utilisateur qui va consulter la carte, voire la modifier, par le biais d'un des deux visualisateurs, et l'auteur, qui avec des droits spécifiques, se charge de créer les cartes, c'est-à-dire d'agencer des couches SDF ou SHP avec des rasters et de mettre en place la symbologie associée. Ces données géographiques doivent préalablement avoir été construites avec un logiciel de création comme Map3D d'Autodesk.

2.2.5 Les pages web :

Le site sera composé d'un ensemble de pages web qui seront servies dans un navigateur type Internet Explorer. Ces pages seront générées dynamiquement à la demande des visiteurs en utilisant tous les composants décrits plus haut.

2.2.6 Le langage VB :

VB est un outil développé par Microsoft pour développer facilement des applications fonctionnant sous Microsoft Windows .

Visual Basic est, comme son nom l'indique, un outil visuel permettant de créer sans notion de programmation l'interface graphique (GUI - Graphical User Interface) en disposant à l'aide de la souris des éléments graphiques (boutons, images, champs de texte, menus déroulants,...).

L'intérêt de ce langage est de pouvoir associer aux éléments de l'interface des portions de code associées à des événements (clic de souris, appui sur une touche, ...). Pour cela, Visual Basic utilise un petit langage de programmation dérivé du BASIC (signifiant Beginners All-Purpose Symbolic Instruction Code, soit code d'instructions symboliques multi-usage pour les débutants). Le langage de script utilisé par Visual Basic est nommé à juste titre VBScript, il s'agit ainsi d'un sous-ensemble de Visual Basic. De plus, ce langage est utilisé pour de nombreuses autres applications Microsoft que Visual Basic :

- Microsoft Access
- Microsoft Active Server Pages
- Microsoft Excel
- Microsoft Internet Explorer
- Microsoft Word

2.2.7 .Net FrameWork :

Le .NET Framework est un framework pouvant être utilisé par un système d'exploitation Microsoft Windows et Microsoft Windows Mobile depuis la version 5 (.NET Compact Framework).

Il a pour but de faciliter la tâche des développeurs en proposant une approche unifiée à la conception d'applications Windows ou Web, tout en introduisant des facilités pour le développement, le déploiement et la maintenance d'applications. Le framework gère tous les aspects de l'exécution d'une application dans un environnement d'exécution dit « managé » :

- il alloue la mémoire pour le stockage des données et des instructions du programme.
- il autorise ou refuse des droits à l'application.
- il démarre et gère l'exécution.

Et il est composé de deux blocs principaux :

- la mise en œuvre d'une machine virtuelle compatible Common Language Infrastructure (CLI) sous le nom de Common Language Runtime (CLR) et Dynamic Language Runtime (DLR) ;
- le framework .NET.

2.2.8 Le langage HTML

Le HTML (« **HyperText Mark-Up Language** ») est un langage dit de « marquage » (de « structuration » ou de « balisage ») dont le rôle est de formaliser l'écriture d'un document avec des balises de formatage. Les balises permettent d'indiquer la façon dont doit être présenté le document et les liens qu'il établit avec d'autres documents.

Le langage HTML permet notamment la lecture de documents sur Internet à partir de machines différentes, grâce au protocole HTTP, permettant d'accéder via le réseau à des documents repérés par une adresse unique, appelée URL.

2.2.9 Autocad 3D 2010

AutoCAD est un logiciel pour conception assistée par ordinateur(CAO) supportant les deux formats 2D et 3D il est développé et vendu par Autodesk.

Avant l'introduction du logiciel AutoCAD, la plupart des autres programmes de CAO couru sur ordinateurs centraux ou des mini-ordinateurs, avec l'unité de chaque utilisateur connecté à un terminal d'ordinateur graphique., maintenant ce n'est plus le cas puisqu'il est utilisé dans un éventail d'industries, employé par les architectes, gestionnaires de projets et d'ingénieurs.

3. Partie 3 : Implémentation des applicatifs du projet

Ce chapitre traite les points suivants :

Aperçu global sur les applicatifs

Activation et mise à niveau de la base de données

La mise à niveau de la solution SIG-Web pour la modélisation et l'interprétation des données géotechniques

3.1 Aperçu global sur les applicatifs

La solution a pour objectif de gérer l'information géotechnique, d'afficher et de manipuler les informations spatiales de chaque projet réalisé sur un navigateur web. Pour l'implémentation de cette solution, on a procédé de mettre en œuvre les trois applicatifs suivants :

Activation et mise à niveau de la base de données

Préparation des cartes à intégrer dans l'application

La mise à niveau de la solution SIG-Web pour la modélisation et l'interprétation des données géotechniques.

Voici un organigramme détaillé représentant les trois applicatifs de notre projet ainsi que leurs processus :

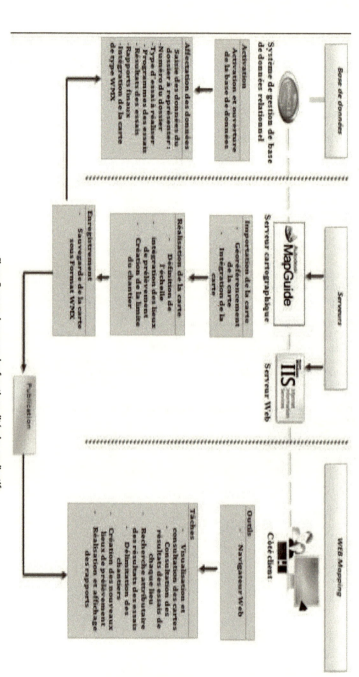

Figure5 : organigramme des fonctionnalités des applicatifs

3.2 Activation et mise à niveau de la base de données

3.2.1 Choix de la solution :

Après une étude de l'existant, j'ai remarqué que la base de données était en mode fermée et je n'ai pu l'ouvrir pour l'exploiter.

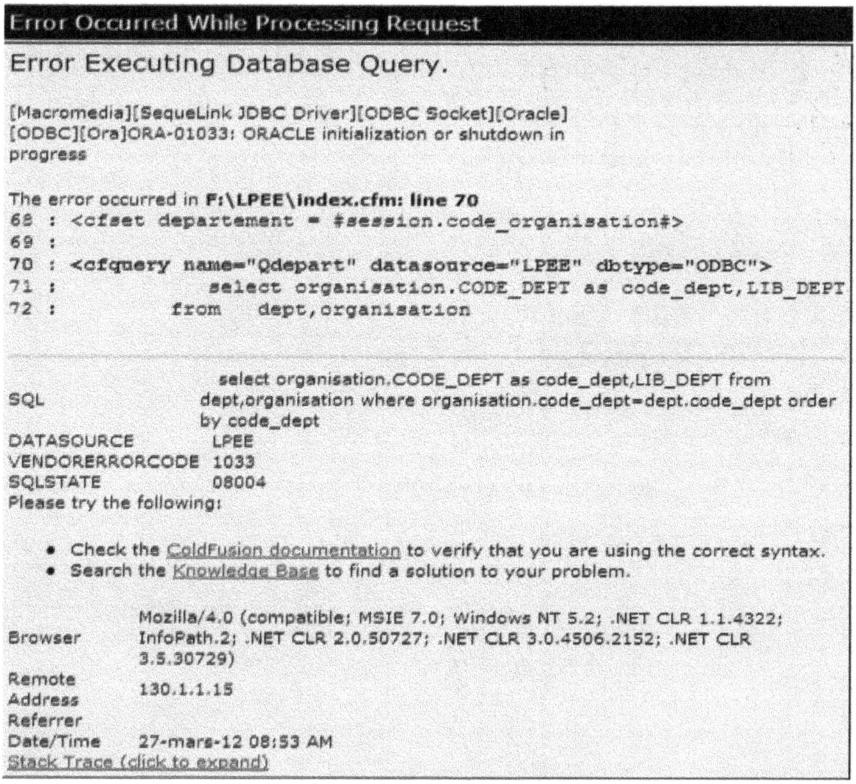

Error Occurred While Processing Request

Error Executing Database Query.

[Macromedia][SequeLink JDBC Driver][ODBC Socket][Oracle][ODBC][Ora]ORA-01033: ORACLE initialization or shutdown in progress

The error occurred in **F:\LPEE\index.cfm: line 70**

```
68 : <cfset departement = #session.code_organisation#>
69 :
70 : <cfquery name="Qdepart" datasource="LPEE" dbtype="ODBC">
71 :          select organisation.CODE_DEPT as code_dept,LIB_DEPT
72 :       from   dept,organisation
```

SQL	select organisation.CODE_DEPT as code_dept,LIB_DEPT from dept,organisation where organisation.code_dept=dept.code_dept order by code_dept
DATASOURCE	LPEE
VENDORERRORCODE	1033
SQLSTATE	08004

Please try the following:

- Check the ColdFusion documentation to verify that you are using the correct syntax.
- Search the Knowledge Base to find a solution to your problem.

Browser	Mozilla/4.0 (compatible; MSIE 7.0; Windows NT 5.2; .NET CLR 1.1.4322; InfoPath.2; .NET CLR 2.0.50727; .NET CLR 3.0.4506.2152; .NET CLR 3.5.30729)
Remote Address	130.1.1.15
Referrer	
Date/Time	27-mars-12 08:53 AM

Stack Trace (click to expand)

Figure6 : Problème de la base de données

Pour cela il y avait deux solutions à en choisir une :

3.2.1.1 *Création d'une nouvelle base de données :*

Cette solution consiste à refaire de nouveau la base de données

i.   Les avantages :

Refaire une base de données sans aucune erreur et à jour.

ii.   Les inconvénients :

Perdre du temps en créant les tables et les relations.

3.2.1.2 *Activation la base de données existante :*

Cette solution consiste à travailler avec la base de données déjà existante.

i.   Les avantages :

- Disponibilité d'une base de données déjà crée
- Gain du temps

ii.   Les inconvénients

Plusieurs essais pour l'activer

3.2.1.3 *Solution Choisie :*

Après une étude des différentes tables existantes dans la base de données (voir figure, j'ai choisi comme solution l'activation de la base de données qui existe sur le serveur.

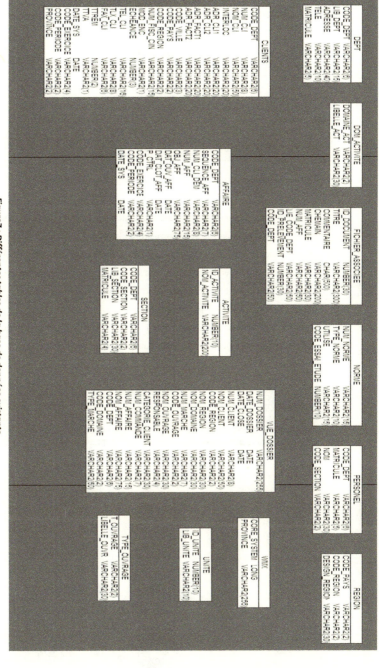

Figure7 : Différentes tables de la base de données existante

33

Pour cela, j'ai refais des copies des schémas et des fichiers de la base de données, les renommer, leur affecter un « listener » et activer le service.

3.2.2 Structuration de la base de données :

3.2.2.1 *Modélisation de la solution SIG-WEB :*

i.   Aperçu sur la méthodologie UML :

UML (**Unified Modeling language**) exprime ses concepts à travers différents diagrammes graphiques qui correspondent à des vues particulières du système :

- la vue logique : Elle fait référence aux diagrammes de classes (class diagrams). C'est au niveau de cette approche que l'on va utiliser la plupart des concepts objets.
- la vue des cas d'utilisation : Elle fait référence aux diagrammes des cas d'utilisation (use cases diagrams) et des acteurs. On va s'intéresser aux fonctionnalités du système.
- la vue des composants (components view) : Elle représente l'ensemble des composants logiciels ainsi que les tâches.
- la vue de déploiement (deployment view) : Elle décrit les différentes ressources matérielles et l'implantation du logiciel dans ces ressources.

CR Les différents types de diagrammes :

Un diagramme donne un moyen de visualisation et de manipulation des éléments de modélisation. Les différents types de diagrammes UML sont représentés dans la figure :

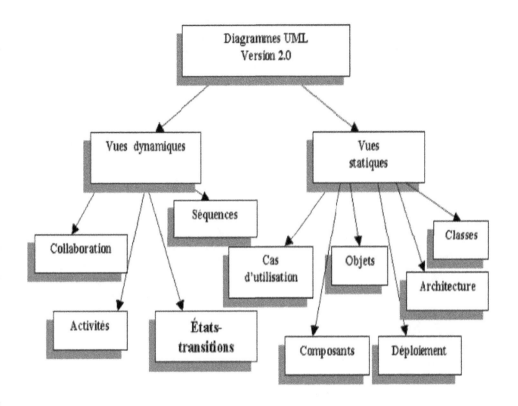

Figure8 : Les types de diagramme UML

a) **Diagramme de cas d'utilisation :**

Les cas d'utilisation représentent un élément essentiel de la modélisation orientée objets : ils interviennent très tôt dans la conception, et doivent en principe permettre de concevoir, et de construire un système adapté aux besoins de l'utilisateur. Ils doivent également servir de fil rouge tout au long du développement, lors de la phase de conception, d'implémentation et de tests. Ils servent donc aussi bien à définir le produit à développer, à modéliser le produit, qu'à tester le produit réalisé.

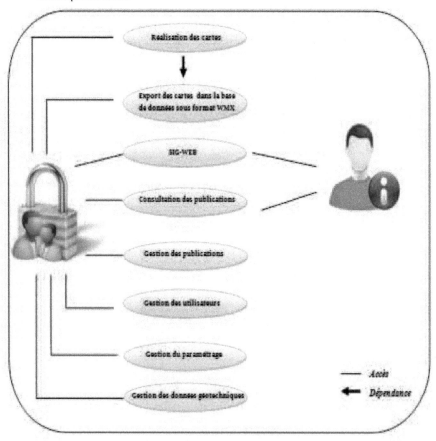

Figure9 : Diagramme de cas d'utilisation

Le diagramme de classe représente l'architecture conceptuelle des données du système : il décrit les classes que le système utilise, ainsi que les liens sémantiques qui existent entre elles (associations entre classes).

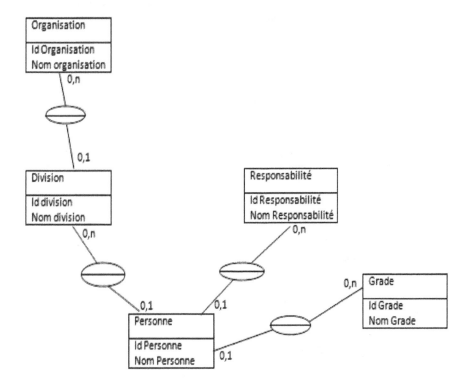

Figure10 : Diagramme de classe pour le paramétrage administratif

L'administrateur a la possibilité de paramétrer :

- ✓ Les organisations
- ✓ Les chantiers
- ✓ Les personnes
- ✓ Les catégories d'essais

3.3 La mise à niveau de la solution SIG-Web pour la modélisation et l'interprétation des données géotechniques

C'est une application SIG-web qui permet le stockage et la gestion des données géotechniques du laboratoire. En effet, l'utilisateur de la solution selon son statut peut saisir, gérer , naviguer, consulter les dossiers traiter.
Cette application est réalisée en utilisant le langage de programmation HTML, le système de gestion de base de données Oracle avec la cartouche Oracle Spatial et aussi l'outil de la cartographie web MAPGUIDE Entreprise.

3.3.1 L'architecture de navigation du site :

Le SIG-WEB dispose d'un volet qui concerne la gestion des données géotechniques et un autre concernant la visualisation et la présentation graphique des données, mais avant de voir les différents pages du SIG-WEB, on va présenter son schéma de navigation :

3.3.1.1 *L'administrateur :*

L'administrateur a le droit d'accéder au paramétrage des données de tous les centres du LPEE pour ajouter, modifier ou supprimer les données suivantes :

- ➢ Les utilisateurs du SIG-WEB
- ➢ Paramétrage des essais réalisés in Situ
- ➢ Paramétrage des essais réalisés en Labo
- ➢ Les réalisations des études

3.3.1.2 *L'utilisateur :*

L'utilisateur peut être :

- - Chef de projet
- - Chef de laboratoire
- - Chef des essais in Situ
- - Technicien qui effectue les essais in Situ

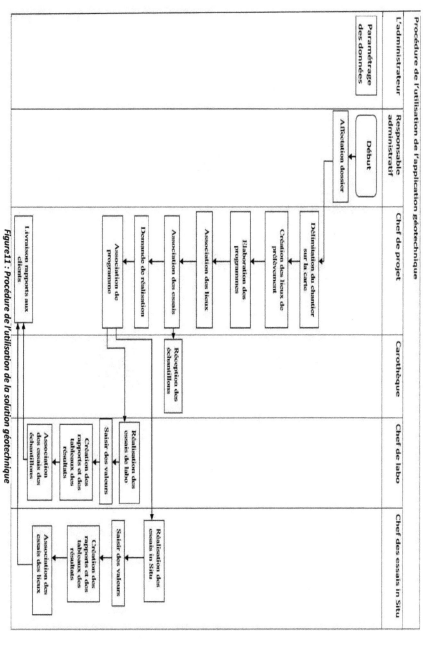

Figure11 : Procédure de l'utilisation de la solution géotechnique

3.3.2 Les fonctionnalités du SIG-WEB :

Pour répondre aux besoins du LPEE, le SIG-WEB dispose des fonctionnalités suivantes :

Figure12 : Fonctionnalité du SIG-Web

3.3.3 La solution SIG :

Cette partie présente les interfaces HOMME-MACHINE pertinentes.

Pour faire la démonstration, on va étudier le cas du dossier d'autoroute JADIDA-SAFI .

3.3.3.1 *Page d'authentification :*

Dés que l'administrateur ou un utilisateur accède à l'application web il sera redirigé
automatiquement vers la page d'authentification sous laquelle on peut s'identifier à l'aide

d'un pseudo et un mot de passe crées et gérés par l'administrateur de l'application ainsi qu'il doit préciser le centre dont il appartient

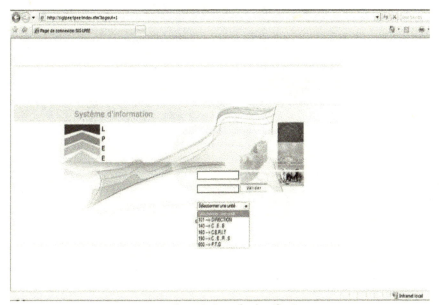

Figure13 : Page d'authentification

3.3.3.2 *La page d'accueil :*

Après la validation du pseudo et du mot de passe saisis dans le formulaire de la page d'authentification, l'application se rédigera vers la page d'accueil de l'application web. Cette page d'accueil contient deux boutons qui vont nous rediriger vers le volet de la Base de données géotechniques ou le volet SIG.

Figure14: Page d'accueil

3.3.3.3 *Le site-web :*

i.   Réception des commandes :

Une fois le responsable de service administratif se connecte via la page d'accueil par son compte ,il aura la possibilité de :

- Ajouter, modifier et supprimer un dossier
- Filtrer les dossiers par région, chef de projet et par d'autres critères comme le montre l'interface :

Figure15 : interface de réception des commandes

ii. Réalisation des essais in situ :

Une fois le chef de projet prépare ses programmes, il procède à la demande interne de réalisation des essais auprès du responsable global des essais in situ

Figure116 : Interface de réalisation des essais in Situ

iii. Réception des échantillons :

Une fois les échantillons sont réceptionnés, le responsable de cette tâche procède à l'enregistrement de la réception en saisissant toutes les informations relatives à la réception.

Figure17 : Interface de réception des échantillons

44

iv. **Réalisation des essais de laboratoire :**

Cette page permet au chef de laboratoire d'ouvrir la page à droite lui permettant de lister tous les programmes de sol ou roche demandés par le chef de projet.

Figure18 : Interface de réalisation des essais de laboratoire

v. **Application chef de projet :**
  ➤ *Essai in Situ :*

Le chef de projet peut dans cette page :

- identifier et localiser les lieux en saisissant tous les lieux dans lesquels les essais seront réalisés.

Figure19 : Interface d'identification des lieux de prélèvement

- Préparer les programmes d'essais in Situ.

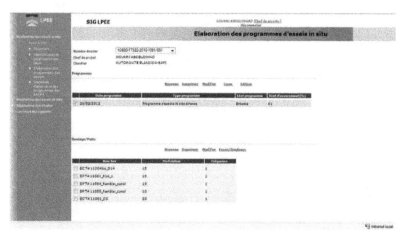

Figure20 : interface de préparation de programme d'essais in Situ

- Elaborer les demandes de réalisation des programmes d'essais in Situ auprès du responsable global des essais in Situ.

Figure21 : Interface d'élaboration des programmes

> *Essai de laboratoire :*

Cette partie contient la préparation des programmes d'essais de laboratoire [figure.20] et l'élaboration des demandes de réalisation au près du chef de projet [figure.21]. NB : même interfaces que les essais in situ.

3.3.3.4 *SIG-WEB*

Après avoir accéder à la page de consultation avec le login et le mot de passe, on choisit l'onglet SIG pour accéder au SIG-Web.

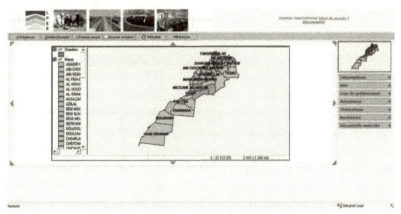

Figure22 : page principale du SIG-Web

En sélectionnant la province voulue, on trouvera les sites et les lieux de prélèvement effectués.

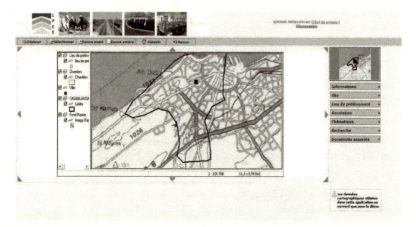

Figure23 : Interface de visualisation de la ville sélectionnée

Cette page est composée de :

❧ En haut : La barre d'outils horizontal qui permet d'appliquer différentes opérations comme la sélection par polygone, déplacement, zoom en avant ou en arrière, rafraîchissement de la page et le retour au dessin précédant.

Figure24 : Barre d'outils horizontale

❧ A droite : La barre de commande verticale qui permet de :

-   afficher les informations sur les lieux et les sites.
-   Créer les lieux et les sites depuis la carte.
-   Changer la thématique.
-   Faire des recherches attributaires pour localiser un lieu ou un site
-   Association et affichage des documents.

Figure25 : Barre de commandes verticale

❧ A gauche : c'est Légende pour afficher les couches de la carte, ainsi les rendre visibles ou invisibles.

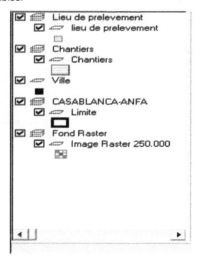

Figure 26 : la légende

cx En Bas : Espace pour l'affichage des données alphanumériques

Figure 27 : Espace pour l'affichage des données alphanumériques

4.Partie4 : démonstration :

Dans cette partie je vais présenter les résultats.
Pour se faire , je vais étudier le cas de l'autoroute JADIDA-SAFI , précisément le LOT4 qui
concerne OUALIDYA-SAFI.

4.1 Situation de la zone d'étude :

La route nationale qui relie les villes d'El Jadida et Safi, est l'un des axes routiers les plus
fréquentés du Royaume. La mise en place d'une autoroute dès 2015 devrait décongestionner
la région connue pour son fort potentiel agricole et industriel.
Le chantier, évalué à 4,2 milliards de dirhams, sera lancé dès début 2012 et constituera le
prolongement naturel du tronçon nord-sud, qui relie El Jadida à Casablanca depuis 2006.
Longue de 141 km, cette autoroute desservira pratiquement toute la région de Doukkala-
Abda, dont le port de Jorf Lasfar et les localités de Sidi Smaïl et Sidi Bennour, pour
déboucher vers la côte au niveau de Oualidia, région réputée pour son important potentiel
agricole et touristique, et finalement la ville de Safi, grâce à un axe parallèle à la côte.
Équipée d'une barrière pleine voie à l'extrémité, avec raccordement à la voirie locale, de deux
aires de service et de 52 ouvrages de rétablissements, la future autoroute comprendra en plus
de la bifurcation Casablanca-El Jadida, cinq échangeurs, à savoir ceux d'El Jadida Sud, Jorf
Lasfar, Sidi Smaïl, Oualidia et Safi Nord.

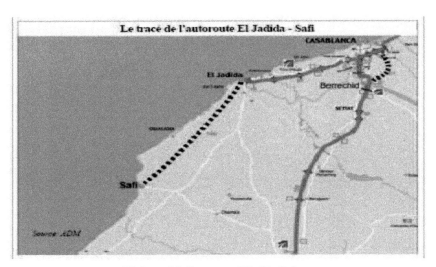

Figure27 : le tracé de l'autoroute El jadida-Safi

4.2 Intégration des données géographiques de la zone d'étude :

4.2.1 La saisie des informations du dossier :

Pour commencer la saisie des résultats des essais dans la base de données, on doit commencer par lancer le dossier à traiter comme le montre la figure suivante :

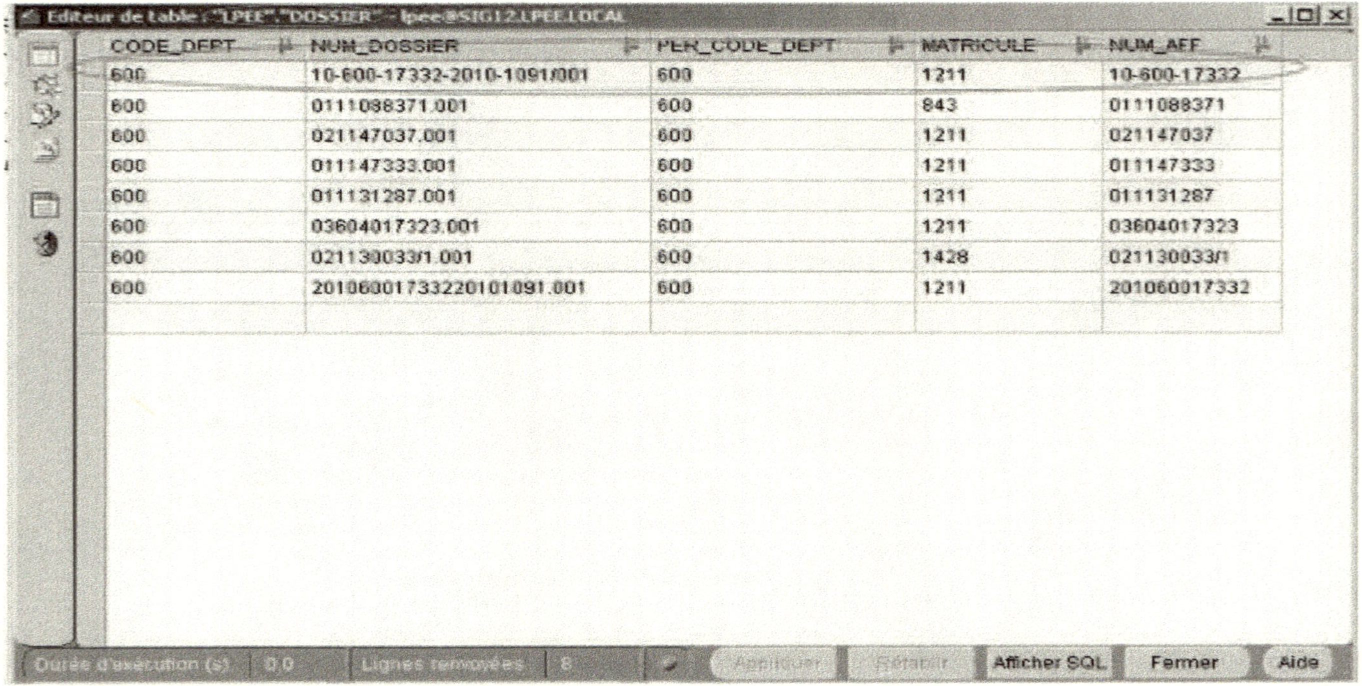

Figure28 : La saisie du dossier

4.2.2.1 Création des SDF :

Avec l'outil Autocad 3D, on va créer la limite et le point qui définissent la ville.

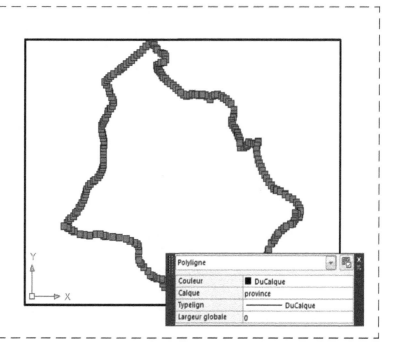

Figure29 : La création de la limite de la ville

4.2.2.2 Création de la carte avec l'outil Mapguide :

La carte doit répondre aux critères suivants :

- ➤ Délimiter la ville après sa sélection.
- ➤ Afficher les chantiers existants dans la ville et qui appartiennent au chef du projet connecté.
- ➤ Présenter les lieux de prélèvement de chaque chantier décrit comme ci-dessus
- ➤ Afficher une carte topographique géoréférencée comme fond de la carte.

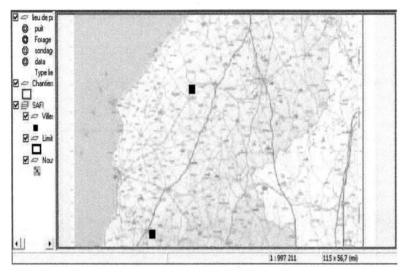

Figure30 : Réalisation de la carte

4.2.2.3 Exportation des données de la ville Safi à la base de données Oracle :

La base de données dispose d'une table dite MWX , qui enregistre l'information géographique de la ville sous forme d'un XML .

Pour exporter ces données de l'outil MapGuide vers la base de données , on va enregistre le carte sous forme *.mwx (Format XML générée par MapGuide)

Ce qui nous intéresse pour la base de données, c'est les nœuds : Propriétés générales et Système de coordonnées qu'on va insérer dans la base de données.

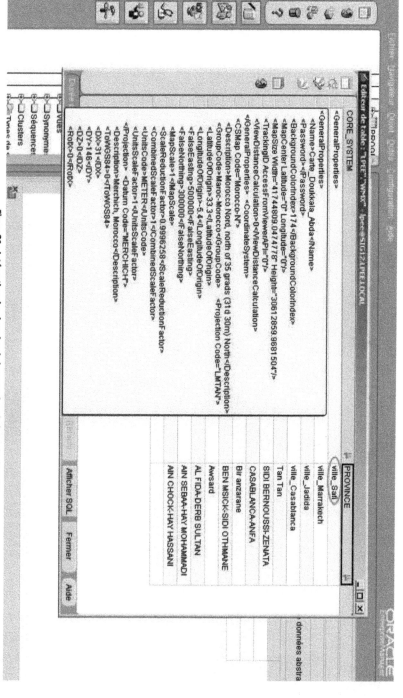

Figure31 : Intégration des données de la carte dans la base de données

55

Cet enregistrement nous aidera par la suite à accéder à la carte et aux autres données à partir de l'application SIG-Web.

4.3 Stockage des données géotechniques du dossier dans la base de données via la solution SIG-WEB :

4.3.1 Réception des commandes (chef administratif) :

Figure32 : Réception des commandes

4.3.2 Réalisation des essais in Situ (Responsable des essais in situ)

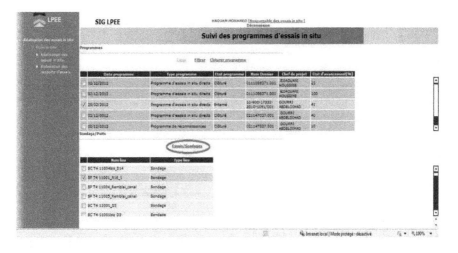

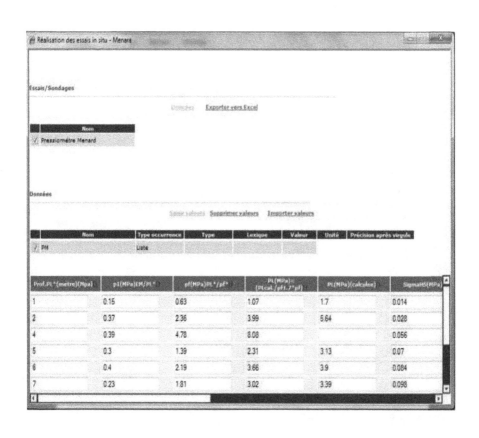

Figure33 : Réalisation des essais in Situ

4.3.3 Réception des échantillons :

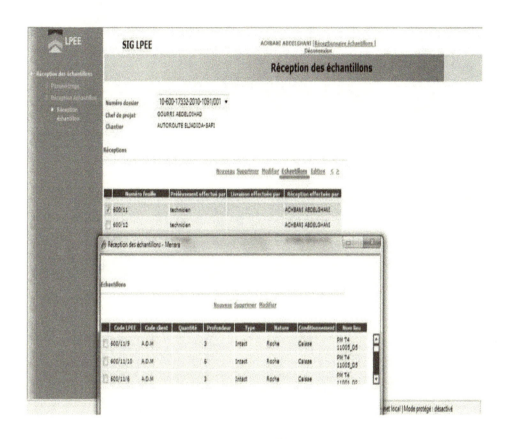

Figure34 : Réception des échantillons

4.3.4 Réalisation des essais de laboratoire :

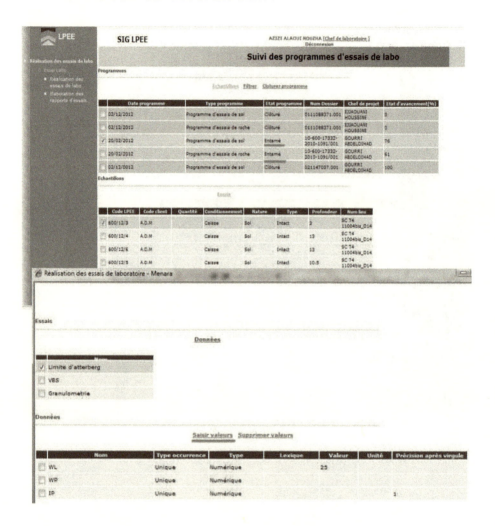

Figure35 : Réalisation des essais de laboratoire

4.3.5 Application Chef du projet :

Avec les rapports livrés du chef de laboratoire ainsi que du chef des essais in Situ, le chef de projet peut via cette solution identifier les lieux de prélèvement , gérer les résultats des essais ainsi que livrer les rapports aux clients .

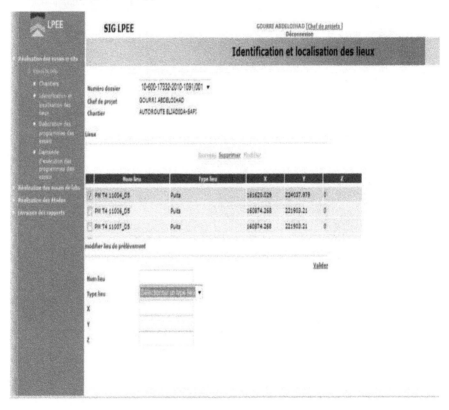

Figure36 : Identification et localisation des lieux de prélèvement

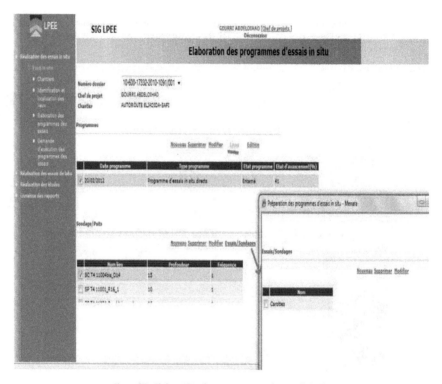

Figure37 : Elaboration des programmes des essais in Situ

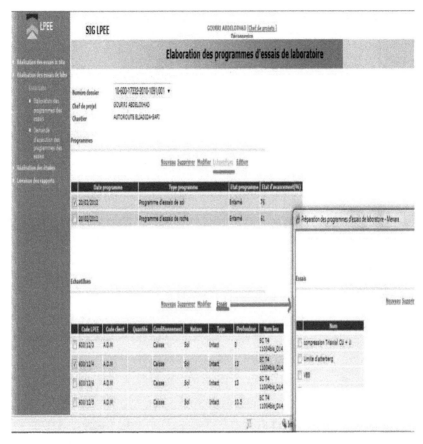

Figure38 : Elaboration des programmes des essais de laboratoire

Figure39 :le suivi des programmes d'études

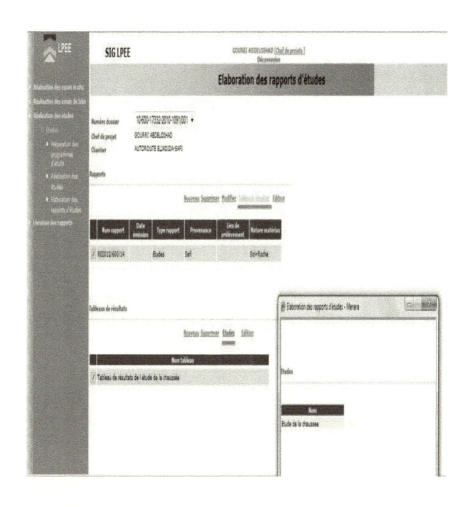

Figure 40: Elaboration des rapports d'études

4.3.6 Livraison des rapports (chef de projet)

Figure 41 : Livraison des rapports

4.4 Présentation graphique des résultats :

La partie SIG est générale tout utilisateurs peut accéder à toutes les informations sous format graphique.

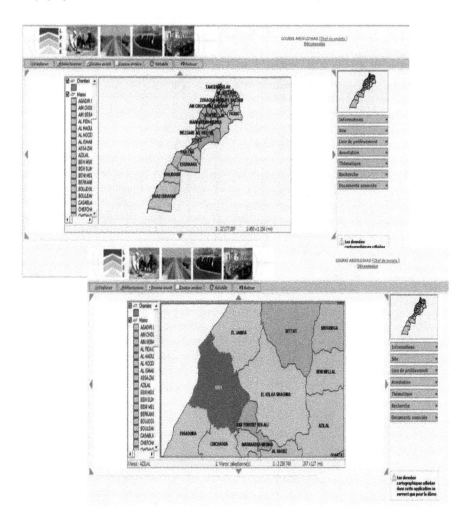

Figure 42 : Page d'accueil SIG

4.4.1 Délimitation du chantier :

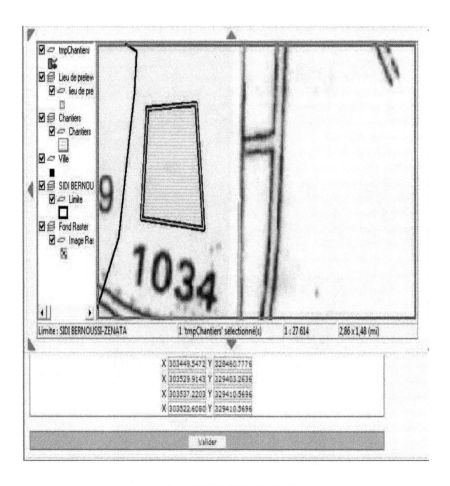

Figure 43 : Délimitation du chantier

4.4.2 Résultat final

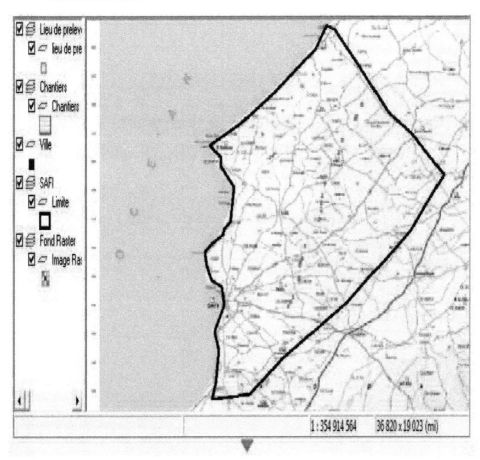

Figure 44 : Affichage des lieux de prélèvement

4.4.3 Affichage des informations des lieux de prélèvement

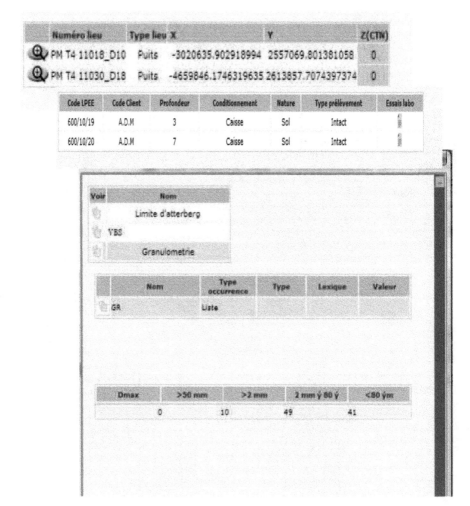

Numéro lieu	Type lieu	X	Y	Z(CTN)
PM T4 11018_D10	Puits	-3020635.902918994	2557069.801381058	0
PM T4 11030_D18	Puits	-4659846.1746319635	2613857.7074397374	0

Code LPEE	Code Client	Profondeur	Conditionnement	Nature	Type prélèvement	Essais labo
600/10/19	A.D.M	3	Caisse	Sol	Intact	
600/10/20	A.D.M	7	Caisse	Sol	Intact	

Voir	Nom
	Limite d'atterberg
VBS	
	Granulometrie

	Nom	Type occurrence	Type	Lexique	Valeur
GR		Liste			

Dmax	>50 mm	>2 mm	2 mm ỳ 80 ỳ	<80 ỳm
0	10	49	41	

Figure 45 : Affichage des informations sur les lieux sélectionnés

4.4.4 Association des documents :

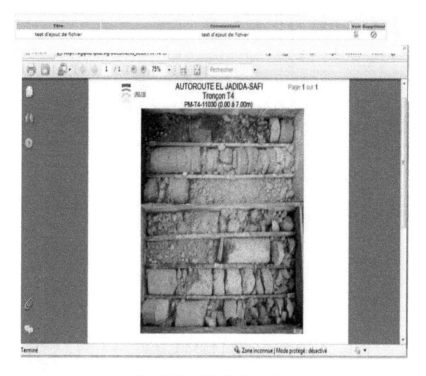

Figure 46 : Association des documents

4.4.5 Autres résultats :

On peut avoir les résultats des essais sous forme numérique Excel en cliquant sur « Edition » dans le volet Base de données géotechniques, et comme résultats :

PROGRAMME D'ESSAIS IN SITU DIRECTS

N° Dossier : 10-600-17332-2010-XXXX/001

Client : A.D.M

Responsable dossier : G.A

Date du programme : 20/02/2012

Pressiomètre Menard			Carottes			Puits		
N° Lieu	Profondeur	Fréquence	N° Lieu	Profondeur	Fréquence	N° Lieu	Profondeur	Fréquence
SP T4 11001_R16_1	Données confidentielles	Données confidentielles	SC T4 11004bis_D14	Données confidentielles	Données confidentielle	PM T4 11001_D2	Données confidentielles	Données confidentielles
SP T4 11002_R16_1	Données confidentielles	Données confidentielles	SC T4 11004ter_R16_1	Données confidentielle	Données confidentielle	PM T4 11002_D2	Données confidentielles	Données confidentielles
SP T4 11003_R16_1	Données confidentielles	Données confidentielles				PM T4 11003_D2	Données confidentielles	Données confidentielles
SP T4 11004_Remblai canal	Données confidentielles	Données confidentielles				PM T4 11004_D5	Données confidentielles	Données confidentielles
SP T4 11005_Remblai canal	Données confidentielles	Données confidentielles				PM T4 11005_D5	Données confidentielles	Données confidentielles
						PM T4 11006_D5	Données confidentielles	Données confidentielles
						PM T4 11007_D5	Données confidentielles	Données confidentielles
						PM T4 11008_D9	Données confidentielles	Données confidentielles
						PM T4 11009_D9	Données confidentielles	Données confidentielles
						PM T4 11010_D9	Données confidentielles	Données confidentielles
						PM T4 11011_R10	Données confidentielles	Données confidentielles
						PM T4 11012_R10	Données confidentielles	Données confidentielles
						PM T4 11013_R10	Données confidentielles	Données confidentielles
						PM T4 11014_R10	Données confidentielles	Données confidentielles
						PM T4 11015_R10	Données confidentielles	Données confidentielles
						PM T4 11016_R10	Données confidentielles	Données confidentielles
						PM T4 11017_D10	Données confidentielles	Données confidentielles
						PM T4 11018_D10	Données confidentielles	Données confidentielles
						PM T4 11019_D10	Données confidentielles	Données confidentielles

Tableau 2 : résultats des essais in Situ

Tableau de résultats des essais in situ Pressiomètre Menard

| N° Dossier : | 10-600-17332-2010-1091/001 | Client : | A.D.M |
| Rapport N° : | RE2012/600/8 | Chantier : | AUTOROUTE ELJADIDA-SAFI |

SONDAGES OU ESSAIS
Pressiomètre Menard

N° Lieu	PL * (MPa)	EM (EM/MPa)	EM/PL *	PL (MPa)(calculée)	PM								
					PL (MPa)=(PLcal./prfl.7pf)	PL*/Pf*	PLcal./Pf	PF*(MPa)	Prof/PL*(metre)	Sigma*(MPa)	pf(MPa/EM/PL*	pf(MPa)/PL*/pf*
	XXX	XXX	XXX	XXX	XXX	XXX	XXX	XXX	XXX	XXX	XXX	XXX
SP T4 11001_Rt6_1	XXX	XXX	XXX	XXX	XXX	XXX	XXX	XXX	XXX	XXX	XXX	XXX
	XXX	XXX	XXX	XXX	XXX	XXX	XXX	XXX	XXX	XXX	XXX	XXX
	XXX	XXX	XXX	XXX	XXX	XXX	XXX	XXX	XXX	XXX	XXX	XXX
	XXX	XXX	XXX	XXX	XXX	XXX	XXX	XXX	XXX	XXX	XXX	XXX
	XXX	XXX	XXX	XXX	XXX	XXX	XXX	XXX	XXX	XXX	XXX	XXX
	XXX	XXX	XXX	XXX	XXX	XXX	XXX	XXX	XXX	XXX	XXX	XXX
	XXX	XXX	XXX	XXX	XXX	XXX	XXX	XXX	XXX	XXX	XXX	XXX
	XXX	XXX	XXX	XXX	XXX	XXX	XXX	XXX	XXX	XXX	XXX	XXX
SP T4 11004_Remblai_canal	XXX	XXX	XXX	XXX	XXX	XXX	XXX	XXX	XXX	XXX	XXX	XXX
	XXX	XXX	XXX	XXX	XXX	XXX	XXX	XXX	XXX	XXX	XXX	XXX
	XXX	XXX	XXX	XXX	XXX	XXX	XXX	XXX	XXX	XXX	XXX	XXX
	XXX	XXX	XXX	XXX	XXX	XXX	XXX	XXX	XXX	XXX	XXX	XXX
	XXX	XXX	XXX	XXX	XXX	XXX	XXX	XXX	XXX	XXX	XXX	XXX

Tableau 3 : résultats des essais de laboratoire

73

Conclusion :

Une grande partie des objectifs fixés est réalisée, le LPEE dispose désormais d'un SIG-web pratique et paramétrable grâce à la méthodologie suivie, ainsi qu'il dispose d'une base de données complète regroupera par la suite toutes ces données géotechniques.

J'ai pu gérer dans des phases de ce projet, non seulement les données géotechniques, mais aussi leurs présentations graphiques dans l'application.
Les interfaces du SIG-WEB permettront aux utilisateurs un accès facile aux données soit graphiquement ou sous forme de tableau.
En terme 90% du travail demandé a été réalisé, et la satisfaction de l'organisme d'accueil était parmi mes objectifs que j'ai pu atteindre.

Perspectives et recommandations

Outils :

Les outils existants et que l'application a été développée parmi eux doivent être mise à jour pour pouvoir profiter de la nouvelle technologie et améliorer par la suite le SIG-WEB.

Données :

Réalisation des cartes des autres villes pour que l'application sauvegarde les données géotechniques de tout le Maroc.

Référence :

- SGBDR oracle http://oracle.developpez.com

- L'encyclopédie Wikipédia (2012), http://fr.wikipedia.org/

- Documentation sur l'autoroute ELJADIDA
  http://www.lavieeco.com/news/economie/les-travaux-de-l-
  autoroute-el-jadida-safi-devraient-demarrer-l-ete-prochain-
  21468.html

- Savoir plus sur le serveur cartographique MapGuide entreprise
  http://forums.autodesk.com

- Documentation MapGuide
  http://www.mapguide.com/help/ver6.5/pdf/fr/MGWhatsNew63.pdf

- Documentation sur l'existant auprès du laboratoire des essais et des
  études.

- Apprendre le langage VB http://dotnet.developpez.com/vbnet/

Oui, je veux morebooks!

I want morebooks!

Buy your books fast and straightforward online - at one of the world's fastest growing online book stores! Environmentally sound due to Print-on-Demand technologies.

Buy your books online at
www.get-morebooks.com

Achetez vos livres en ligne, vite et bien, sur l'une des librairies en ligne les plus performantes au monde!
En protégeant nos ressources et notre environnement grâce à l'impression à la demande.

La librairie en ligne pour acheter plus vite
www.morebooks.fr

OmniScriptum Marketing DEU GmbH
Heinrich-Böcking-Str. 6-8
D - 66121 Saarbrücken
Telefax: +49 681 93 81 567-9

info@omniscriptum.com
www.omniscriptum.com

www.ingramcontent.com/pod-product-compliance
Lightning Source LLC
LaVergne TN
LVHW042344060326
832902LV00006B/373